丛宁丽 主编

运动健康100分
YunDongJianKang100Fen

游泳 Step 教法

实操篇

人民体育出版社

主编、副主编及部分参编人员合影

前排左起：李子钰、鲜春梅、丛宁丽、黄灿、舒宇、唐梅美
后排左起：叶雯洁、徐恒、王天乐、侯文捷、高际雲、陈余娟

编委会成员

主　　编：丛宁丽

副 主 编：黄　灿　　王天乐　　徐　恒
　　　　　侯文捷

参编人员：鲜春梅　　李子钰　　舒　宇
　　　　　叶雯洁　　唐梅美　　陈余娟
　　　　　高际雲

委　　员：蒋徐万　　陈　宇　　吴小彬
　　　　　蓝　怡　　宋小睿　　祁钰渤
　　　　　李　宁　　肖丽娜

前 言

随着我国经济发展水平的不断提高,人们对健康的需求越来越强烈。游泳是广大人民群众最为喜爱的体育健身项目之一,只有正确、安全地进行游泳运动才能从中获得健康和快乐。为实现"减少溺水事故、人人学会游泳"的目标,更好地服务健康中国和全民健身战略,推动游泳运动的普及与发展,2014年我们创编了《游泳Step教法》一书,并由人民体育出版社出版发行,该图书出版后深受社会各界的关注及相关业内人士的好评,出现供不应求的现象,截至2019年已印刷5次、总销量上万册。受此鼓舞,我们在《游泳Step教法》一书的基础之上,进一步将动作技术细化,重视"水中自救、他救"的技能,增加了着装游泳自救、中级游泳及第五种泳姿等诸多创新内容,完善了游泳从自救、救生、入门、初级到中级一套成熟的教学体系。

本书共分四篇,配有精选552幅规范的示范彩照,78个规范的教学教法实操视频。每章节的技术分析均配有学习目的,文字言简意赅,突出重点和难点，以Step理念精心设计的"攻破难点"的方法独特、高效。第一篇为"水中自救与救生基本技能教法实操"，这是学习游泳的首要目的。第二篇为"入门级游泳技术教法实操"，以掌握熟悉水环境、初级水准的蛙泳（早呼吸）技术为目的。第三篇为"中级游泳技术教法实操"，以掌握中级水准的蛙泳（晚呼吸）、仰泳、自由泳（直臂）、自由泳（屈臂高肘）、蝶泳技术为目的。第四篇为"四式出发与转身基本技术&第五种泳姿技术教法实操"，以提高竞技游泳水平夯实基础为目的。本书主编丛宁丽教授是四川省精品课程《游泳》负责人，研究并积累了40余年中外开展游泳运动的丰富经验，形成了游泳精品课程成熟的Step教法教学体系。

本书有以下特点：①增加了自救、施救、着装游泳内容；②技术教学的Step更加细化，解决难点更加具体；③克服了2014年出版的《游泳Step教法》一书内容过度浓缩、专业性过强、Step步子较大的问题；④图文并茂，增加了丰富、多样、有趣、规范、标准的教法实操视频；⑤应用性更强是本书的最大特点，手机在手，"扫二维码"随时随地可以直观学习，配有完整规范的教学组织过程，解决难点的有效练习方法及系统的教法（含陆上、半陆半水、水中）实操视频。

适合对象：①适合任何游泳爱好者自学使用；

②适合各种游泳健身俱乐部、游泳培训机构使用；③适合所有游泳教师、教员、教练员使用；④适合家长指导孩子或亲子游泳者使用；⑤适合中小学、高等院校游泳教学与训练的教师、教练员使用；⑥适合高等院校、体育院校游泳专修、主修、普修学生使用。

游泳运动被称为"血管体操"，是最不易受伤的运动项目，老少皆宜。掌握正确的游泳技能不仅是"减少溺水事故"的最有效措施，更是人人参与终身体育锻炼、享受健康生活的最佳途径之一。期待读者与我们分享凝聚40余年游泳教学训练科研成果，实现"防溺水、人人安全并快乐学会游泳"的愿景。

丛宁丽

2019年12月7日

目 录

第一篇 水中自救与救生基本技能教法实操

第一章 水中自救技术教法实操 …………（3）

第一节 水中如何保持身体平衡与站立自救
………………………………………（3）

一、陆上练习…………………………（4）
二、水中练习…………………………（6）

第二节 遇到水中痉挛如何自救………（7）

一、陆上练习…………………………（8）
二、水中练习…………………………（9）

第三节 着装意外落入水中如何自救…（11）

一、陆上练习…………………………（11）
二、水中练习…………………………（11）

第二章　水中实用游泳技术教法实操 …………（13）

第一节　踩水技术如何教学……………………（13）
　　一、陆上练习……………………………………（13）
　　二、水中练习……………………………………（14）

第二节　反蛙泳技术如何教学…………………（16）
　　一、陆上练习……………………………………（16）
　　二、半陆半水练习………………………………（18）
　　三、水中练习……………………………………（19）

第三节　侧泳技术如何教学……………………（20）
　　一、陆上练习……………………………………（20）
　　二、水中练习……………………………………（21）

第四节　抬头爬泳技术如何教学………………（22）
　　一、陆上练习……………………………………（22）
　　二、水中练习……………………………………（23）

第五节　潜泳技术如何教学……………………（24）
　　一、蛙式潜泳……………………………………（24）
　　二、蛙式长划臂潜泳……………………………（26）

第三章　水中解脱技术教法实操 （28）

第一节　头发被抓如何解脱 （28）

第二节　单手被抓如何解脱 （30）

第三节　双手被抓如何解脱 （31）

第四节　颈部被抱如何解脱 （33）

第五节　腰部被抱如何解脱 （35）

第四章　水中扑救技术教法实操 （39）

第五章　心肺复苏技术教法实操 （43）

第二篇　入门级游泳技术教法实操

第一章　韵律呼吸技术教法实操 （51）

一、陆上练习 （52）

二、半陆半水练习 （53）

三、水中练习 （55）

第二章　团身抱膝站立技术教法实操 …………（59）

　　一、陆上练习 ……………………………………（60）
　　二、水中练习 ……………………………………（62）

第三章　流线型蹬壁滑行技术教法实操 ………（64）

　　一、陆上练习 ……………………………………（65）
　　二、水中练习 ……………………………………（66）

第四章　蛙泳腿技术教法实操 ……………………（69）

　　一、陆上练习 ……………………………………（70）
　　二、半陆半水练习 ………………………………（72）
　　三、水中练习 ……………………………………（74）

第五章　蛙泳腿+呼吸技术教法实操 …………（77）

　　一、陆上练习 ……………………………………（78）
　　二、半陆半水练习 ………………………………（79）
　　三、水中练习 ……………………………………（80）

第六章　蛙泳手+呼吸（早呼吸）技术教法实操
　　·····················（ 85 ）

　　一、陆上练习·················（ 86 ）
　　二、半陆半水练习···············（ 88 ）
　　三、水中练习·················（ 89 ）

第七章　蛙泳完整配合（早呼吸）技术教法实操
　　·····················（ 92 ）

　　一、陆上练习·················（ 93 ）
　　二、半陆半水练习···············（ 94 ）
　　三、水中练习·················（ 96 ）

第三篇　中级游泳技术教法实操

第一章　蛙泳手+呼吸（晚呼吸）技术教法实操　（101）

　　一、陆上练习·················（102）
　　二、半陆半水练习···············（104）
　　三、水中练习·················（105）

第二章　蛙泳完整配合（晚呼吸）技术教法实操 ……………………………（107）

一、陆上练习 …………………………………（108）

二、半陆半水练习 ……………………………（110）

三、水中练习 …………………………………（112）

第三章　仰泳腿技术教法实操 ………………（113）

一、陆上练习 …………………………………（114）

二、半陆半水练习 ……………………………（115）

三、水中练习 …………………………………（116）

第四章　仰泳手+呼吸技术教法实操 …………（118）

一、陆上练习 …………………………………（119）

二、半陆半水练习 ……………………………（120）

三、水中练习 …………………………………（121）

第五章　仰泳完整配合技术教法实操 …………（123）

一、陆上练习 …………………………………（124）

二、水中练习 …………………………………（125）

第六章　自由泳腿技术教法实操 …………（127）

一、陆上练习 ……………………………（128）
二、半陆半水练习 ………………………（129）
三、水中练习 ……………………………（130）

第七章　自由泳手（直臂）+呼吸技术教法实操
………………………………………（132）

一、陆上练习 ……………………………（133）
二、半陆半水练习 ………………………（135）
三、水中练习 ……………………………（136）

第八章　自由泳完整配合（直臂）技术教法实操
………………………………………（138）

一、陆上练习 ……………………………（139）
二、水中练习 ……………………………（140）

第九章　自由泳手（屈臂高肘）+呼吸技术教法实操
………………………………………（142）

一、陆上练习 ……………………………（143）
二、半陆半水练习 ………………………（144）

三、水中练习 ·················（145）

第十章　自由泳完整配合（屈臂高肘）技术教法实操
·················（147）

一、陆上练习 ·················（148）
二、水中练习 ·················（150）

第十一章　蝶泳腿技术教法实操 ·················（152）

一、陆上练习 ·················（153）
二、水中练习 ·················（156）

第十二章　蝶泳手+呼吸技术教法实操 ·········（158）

一、陆上练习 ·················（159）
二、水中练习 ·················（160）

第十三章　蝶泳完整配合技术教法实操
·················（163）

一、陆上练习 ·················（164）
二、水中练习 ·················（165）

第四篇 四式出发与转身基本技术 & 第五种泳姿技术教法实操

第一章 蛙泳蹲踞式出发技术教法实操 …………（169）

一、池边练习 ……………………………………（170）

二、完整出发练习 ………………………………（172）

三、蛙泳水下大划臂技术练习 …………………（173）

第二章 仰泳出发技术教法实操 ……………（176）

一、陆上练习 ……………………………………（177）

二、水中练习 ……………………………………（178）

第三章 自由泳蹲踞式出发技术教法实操 …（183）

一、池边练习 ……………………………………（184）

二、完整出发练习 ………………………………（186）

第四章 蝶泳蹲踞式出发技术教法实操 ………（187）

一、池边练习 ……………………………………（188）

二、完整出发练习 ………………………………（190）

第五章 蛙泳转身技术教法实操 …………… （191）

一、陆上练习 ……………………………… （192）
二、水中练习 ……………………………… （194）

第六章 自由泳滚翻转身技术教法实操 ……… （196）

一、陆上练习 ……………………………… （197）
二、水中练习 ……………………………… （198）

第七章 仰泳滚翻转身技术教法实操 ………… （202）

一、陆上练习 ……………………………… （203）
二、水中练习 ……………………………… （204）

第八章 蝶泳转身技术教法实操 …………… （207）

一、陆上练习 ……………………………… （208）
二、水中练习 ……………………………… （210）

第九章 第五种泳姿（水下海豚腿）技术教法实操

……………………………………………… （212）

一、陆上练习 ……………………………… （213）
二、水中练习 ……………………………… （215）

目 录

主要参考文献 …………………………………… （219）

鸣谢 ……………………………………………… （220）

第一篇

水中自救与救生基本技能教法实操

第一章
水中自救技术教法实操

第一节 水中如何保持身体平衡与站立自救

初学游泳者,第一步学会呼吸(见《游泳Step教法》第二章Step1:韵律呼吸),第二步必须学会水中保持身体平衡+团身站立技术。这是一项基本的水中自救技能。

目的
(1)掌握基本的水中自救技能。
(2)掌握水中保持平衡技能、体验浮力。

重点
闭气低头团身。

难点
三个动作同时完成站立(抬头+双手下压+双脚勾脚蹬池底站立)。

团身抱膝站立"自救"流程：

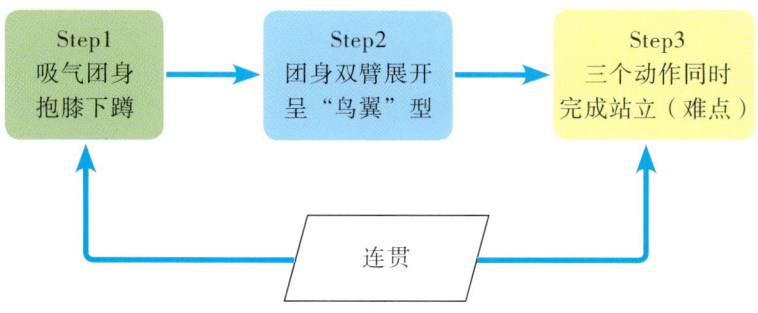

一、陆上练习

Step1：吸气团身抱膝下蹲（体会身体漂浮）

图1-1-1-1 下颌紧贴胸部，双臂抱紧双腿

Step2：团身双臂展开呈"鸟翼"型（体会身体平衡）

图1-1-1-2　团身双臂向两侧展开呈"鸟翼"型　　　图1-1-1-3　上臂与前臂成90°夹角

Step3：三个动作同时完成站立（学会水中自救）

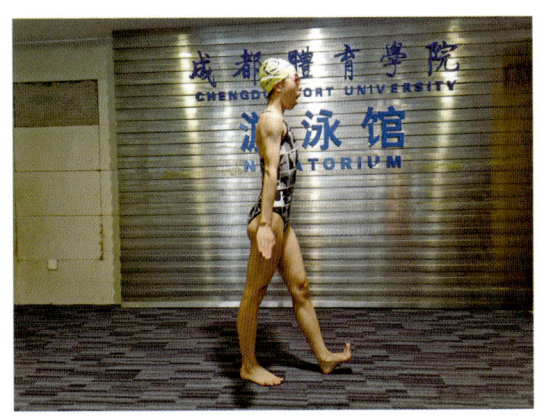

图1-1-1-4　抬头+双手下压+双脚勾脚蹬池底完成站立

二、水中练习

Step1：吸气团身漂浮（体会水中漂浮、平衡）

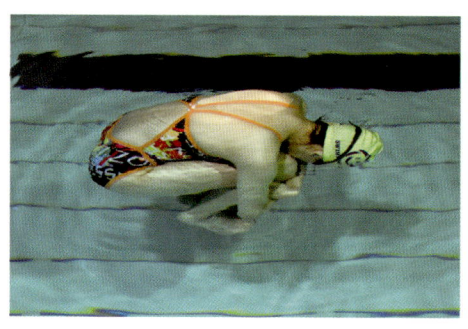

图1-1-1-5　团身抱膝

Step2：团身双臂展开呈"鸟翼"型（体会水中平衡）

图1-1-1-6　双膝紧贴胸部，双臂呈"鸟翼"型

Step3：三个动作同时完成站立（学会水中自救）

图1-1-1-7
（说："不——"）

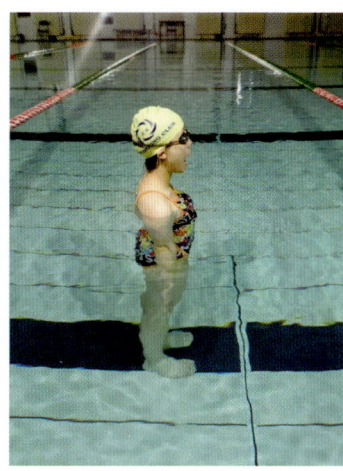

图1-1-1-8
（说："——怕！"）

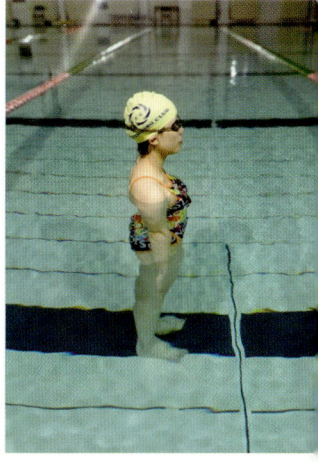

图1-1-1-9
稳稳地站立

第二节　遇到水中痉挛如何自救

目的
掌握水中自救技能。

重点
反方向拉长肌肉，即反向牵拉法。

难点
保持冷静，深吸一口气后，闭气完成反向牵拉动作。

一、陆上练习

Step1：解除大腿痉挛

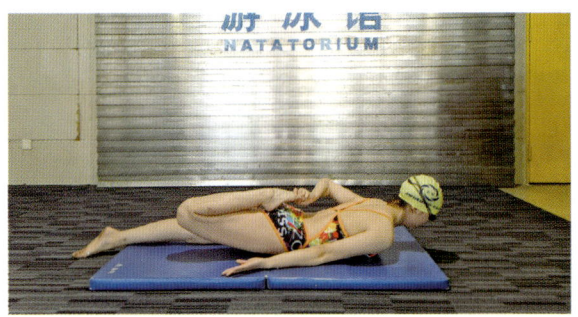

图1-1-2-1　握住脚背，反向牵拉

Step2：解除小腿痉挛

图1-1-2-2　握住脚掌，反向牵拉

Step3：解除拇趾痉挛

图1-1-2-3 握住拇趾，反向牵拉

二、水中练习

Step1：解除大腿痉挛

图1-1-2-4 握住脚背，反向牵拉

Step2：解除小腿痉挛

图1-1-2-5　握住脚掌，反向牵拉

Step3：解除拇趾痉挛

图1-1-2-6　握住拇趾，反向牵拉

第三节　着装意外落入水中如何自救

目的

掌握意外落入水中自救技能。

重点

冷静！寻找可利用的浮具，采用反蛙泳或蛙泳技术自救，等待施救者。

难点

尽力节省体力，用专业技术自救，等待施救者。

一、陆上练习

无。

二、水中练习

Step1：着装反蛙泳漂浮等待

图1-1-3-1　将空气灌入衣服中

Step2：用长裤腿漂浮

图1-1-3-2　将裤腿打结，灌入空气

Step3：用大塑料袋漂浮

图1-1-3-3　将塑料袋灌入空气

Step4：用大塑料桶漂浮

图1-1-3-4　将塑料桶抱在胸前

第二章
水中实用游泳技术教法实操

第一节 踩水技术如何教学

目的
掌握自救和救助他人的技能。

重点
保持头部在水面上。

难点
划手与踩水动作的协调配合。

一、陆上练习

Step1：正面身体姿势

图1-2-1-1 双膝微屈，两臂胸前平屈

Step2：侧面身体姿势

图1-2-1-2　身体前倾，稍收髋部

二、水中练习

Step1：身体姿势

图1-2-1-3　头露出水面

Step2：手臂技术

图1-2-1-4　双手外划

图1-2-1-5　双手内划

Step3：双脚同时踩水

图1-2-1-6　两腿同时蹬夹

Step4：双脚交替踩水

图1-2-1-7　两腿交替蹬夹

第二节 反蛙泳技术如何教学

目的
掌握在水中拖带溺水者或物品的技能。
重点
将面部保持在水面上。
难点
臂、腿和呼吸的配合动作。

一、陆上练习

Step1：坐撑反蛙泳腿练习

图1-2-2-1 双手后撑

Step2：仰卧双手置于体侧反蛙泳腿练习

图1-2-2-2　双手置于体侧（正面）

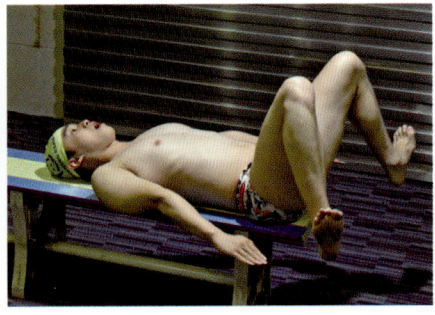

图1-2-2-3　双手置于体侧（侧面）

Step3：仰卧双手胸前平举反蛙泳腿练习

图1-2-2-4　双手胸前平举（正面）

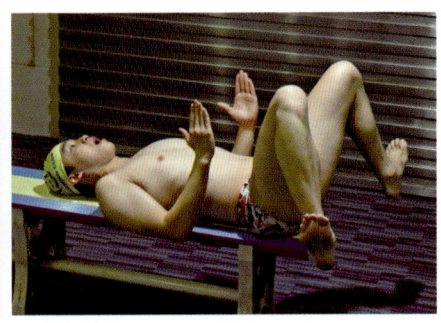

图1-2-2-5　双手胸前平举（侧面）

二、半陆半水练习

Step1：坐撑反蛙泳腿练习

图1-2-2-6　双手后撑

Step2：仰卧反蛙泳腿练习

图1-2-2-7　双手置于体侧　　　　图1-2-2-8　双手胸前平举

三、水中练习

Step1：双手置于体侧反蛙泳腿练习

图1-2-2-9 双手置于体侧收腿

图1-2-2-10 双手置于体侧蹬夹腿

Step2：双手胸前平举反蛙泳腿练习

图1-2-2-11 双手胸前平举收腿

图1-2-2-12 双手胸前平举蹬夹腿

第三节 侧泳技术如何教学

目的
掌握拖带溺水者技术。

重点
手腿的协调配合。

难点
保持溺水者面部在水面上。

一、陆上练习

Step1：侧泳收手收腿动作练习

图1-2-3-1 移臂+收腿

Step2：侧泳蹬腿伸手动作练习

图1-2-3-2 推水+蹬剪腿

二、水中练习

Step1：侧泳收手收腿动作练习

图1-2-3-3 移臂+收腿

Step2：侧泳蹬腿伸手动作练习

图1-2-3-4 推水+蹬剪腿

第四节　抬头爬泳技术如何教学

目的

目视并快速接近溺水者。

重点

持续有力的打腿，以保持较高的身体位置。

难点

双眼始终目视溺水者。

一、陆上练习

Step1：抬头移臂动作练习

图1-2-4-1　右手移臂+左手抓水

Step2：抬头抱水动作练习

图1-2-4-2　右手抱水+左手入水

二、水中练习

Step1：抬头移臂动作练习

图1-2-4-3　左手移臂+右手抓水

Step2：抬头抱水动作练习

图1-2-4-4　左手抱水+右手入水

第五节 潜泳技术如何教学

目的
救助溺水者以及保证施救者安全。
重点
头部和躯干的姿势。
难点
双脚向后上方蹬水,以免身体上浮。

一、蛙式潜泳

Step1:双手向外向下划水动作练习

图1-2-5-1 双臂划至胸前

Step2：收手又收腿动作练习

图1-2-5-2　双臂内划+收腿

Step3：先伸手后蹬腿练习

图1-2-5-3　双臂前伸，双腿蹬夹水

Step4：保持流线型姿势滑行练习

图1-2-5-4　流线型姿势

二、蛙式长划臂潜泳

Step1：双手向外向下划水动作练习

图1-2-5-5　双臂划至胸前

Step2：双臂内划练习

图1-2-5-6　双臂划至大腿两侧

Step3：收手又收腿动作练习

图1-2-5-7　内划+收腿

Step4：先伸手后蹬腿练习

图1-2-5-8　双臂前伸，双腿蹬夹水

Step5：保持流线型姿势练习

图1-2-5-9　流线型姿势

第三章
水中解脱技术教法实操

目的
解救、控制溺水者，保护施救者。
重点
施救者被溺水者抓抱后应保持冷静。
难点
及时解除溺水者的各种抓抱。

第一节 头发被抓如何解脱

Step1：同名手压掌

图1-3-1-1 同名手压掌，头部前顶

Step2：同侧手推肘

图1-3-1-2　同侧手推肘

Step3：解脱后控制溺水者

图1-3-1-3　双手托腋控制

第二节　单手被抓如何解脱

Step1：同名手被抓，转腕抓握

图1-3-2-1　同名手转腕

Step2：同侧手被抓用同名手推击

图1-3-2-2　同名手虎口推击

Step3：解脱后控制溺水者

图1-3-2-3　双手托腋控制

第三节　双手被抓如何解脱

Step1：转腕解脱一只手

图1-3-3-1　向外上抬一只手　　　图1-3-3-2　上抬手转腕解脱

Step2：推击另一只手腕并顺势抓握该手腕

图1-3-3-3　虎口推击另一只手腕

Step3：解脱后控制溺水者

图1-3-3-4　双手托腋控制

第四节　颈部被抱如何解脱

Step1：正面被抱，上推双肘

图1-3-4-1　颈部正面被抱

图1-3-4-2　上推双肘

图1-3-4-3　施救者身体下沉

图1-3-4-4　转动溺水者身体

Step2：解脱后控制溺水者

图1-3-4-5 双手托腋控制

Step3：背面被抱，压腕上推单肘

图1-3-4-6　　　　　图1-3-4-7　　　　　图1-3-4-8
颈部背面被抱　　　　压腕　　　　　　　侧身，上推单肘

Step4：解脱后控制溺水者

图1-3-4-9　双手托腋控制

第五节　腰部被抱如何解脱

Step1：正面被抱

图1-3-5-1　腰部正面被抱

Step2：弓身抽手，夹鼻推颌

图1-3-5-2　弓身，抽出一只手

图1-3-5-3　夹鼻推颌　　　　图1-3-5-4　顺势转动溺水者身体

Step3：解脱后控制溺水者

图1-3-5-5　双手托腋控制

Step4：背面被抱

图1-3-5-6　腰部背面被抱

Step5：弓身屈肘双臂向前扩张并抽手

图1-3-5-7　弓身，抽出一只手

Step6：扳指解脱后，控制溺水者

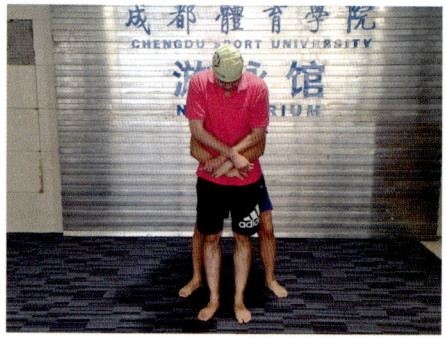

图1-3-5-8　双手同时扳指

图1-3-5-9　扳指张开

图1-3-5-10　控制一只手

图1-3-5-11　双手托腋控制

第四章
水中扑救技术教法实操

目的

将溺水者安全拖带到池边。

重点

整个拖带过程,保持溺水者面部在水面上。

难点

及时解除溺水者的抓抱。

Step1：入水

图1-4-1　蛙式入水，屈膝屈肘外展

Step2：接近

图1-4-2-1　抬头爬泳接近溺水者

图1-4-2-2　安抚溺水者

Step3：解脱

图1-4-3-1　下潜解脱

图1-4-3-2　控制溺水者（注意两者方向）

Step4：拖带

图1-4-4　双手托腋拖运
（保持溺水者面部在水面上）

Step5：上岸

图1-4-5-1　池边控制溺水者

图1-4-5-2　压住溺水者手掌上岸

图1-4-5-3　将溺水者拉上岸

图1-4-5-4　抱膝转体90°

图1-4-5-5　放平溺水者（保护头颈）

第五章
心肺复苏技术教法实操

目的

恢复苏醒和挽救生命。

重点

口对口人工吹气。

难点

胸外心脏按压("十字定位"法)。

Step1：检查周围环境，确保安全

图1-5-1　环视四周，确认环境安全

Step2：判断意识和高声呼救

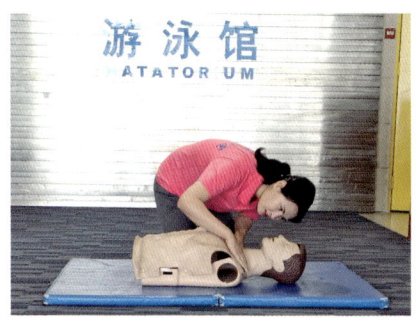 

图1-5-2-1　用力拍打溺水者双肩　　　图1-5-2-2　高声呼救

Step3：判断呼吸

图1-5-3 "一看二听三感觉"

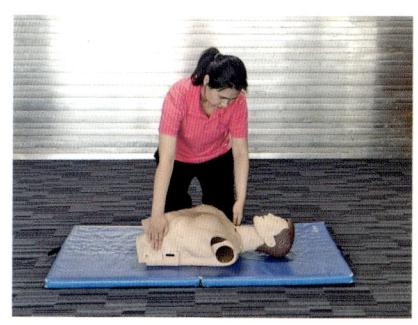

Step4：摆正体位

图1-5-4 溺水者呈仰卧位

Step5：清理口腔异物

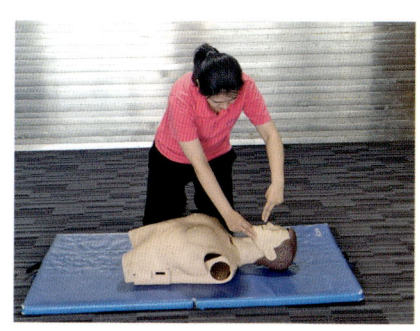

图1-5-5 清除口腔异物，捋直舌头

图1-5-6　压住前额，上抬下颌骨

Step7：口对口吹气两次

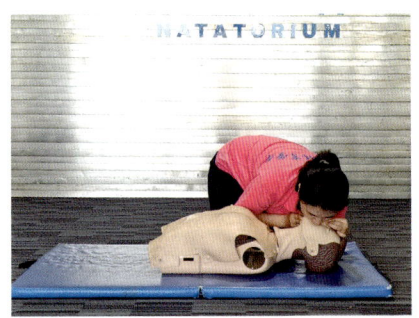

图1-5-7-1　捏住鼻翼第一次口对口吹气

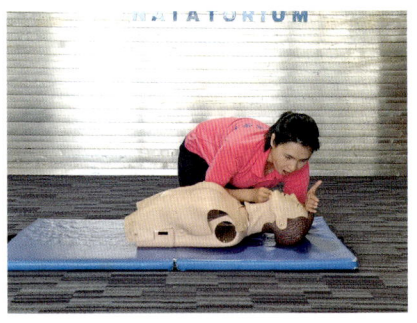

图1-5-7-2　松开鼻翼使气体循环

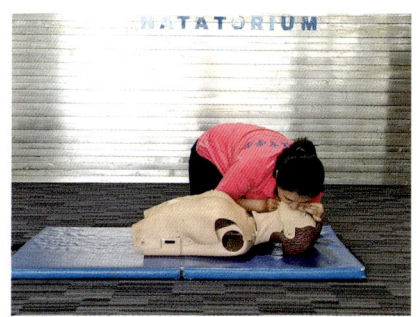

图1-5-7-3 捏住鼻翼第二次口对口吹气

Step8：胸外按压（"十字定位"法）

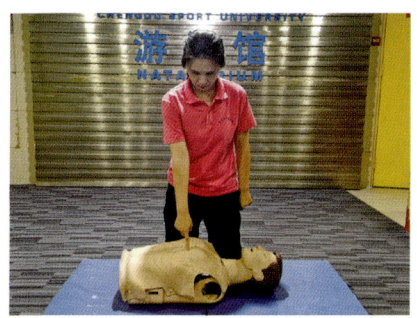

图1-5-8-1 两乳头连接点

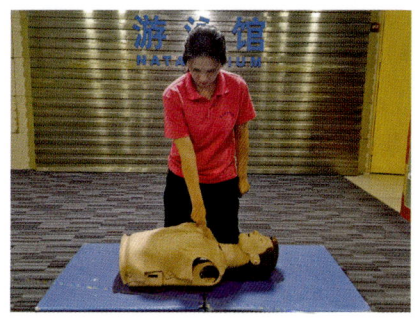

图1-5-8-2 胸骨交叉点

Step9：重新评估

30次胸外按压，2次口对口吹气为一个循环，完成5次循环后，重新评估依次循环，直到溺水者苏醒或医护人员到达。

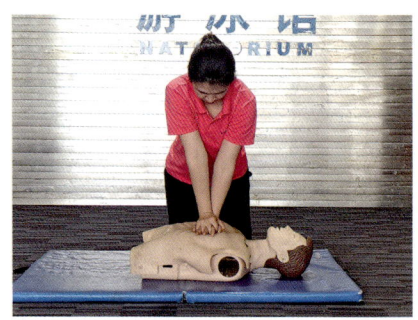

图1-5-8-3　双手重叠，十指相扣

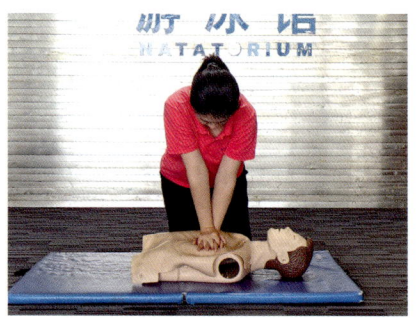

图1-5-8-4　以髋关节为轴，身体垂直下压

第二篇

入门级游泳技术教法实操

第一章
韵律呼吸技术教法实操

目的
(1) 每一位初学者必须要突破的第一关。
(2) 适应水环境,培养亲近水的兴趣。

重点
吸气(用嘴吸气)。

难点
吐气(用嘴鼻同时吐气)。

完整韵律呼吸流程:

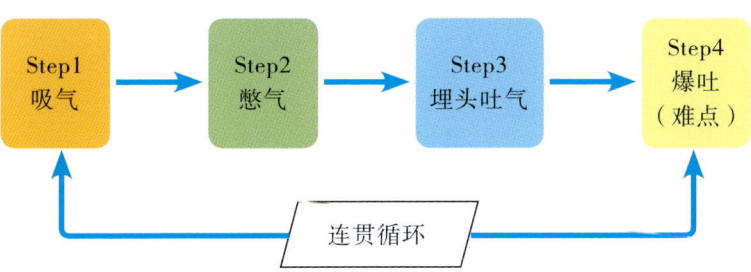

一、陆上练习

Step1：吸气练习

图2-1-1　用嘴吸气

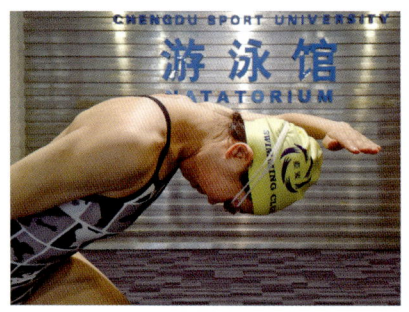

Step2：憋气练习

图2-1-2　耳朵没入水中，憋气5秒

Step3：埋头吐气练习

图2-1-3　埋头（说："不——"）

Step4： 爆吐练习

图2-1-4-1　侧面爆吐（说："不——"）

图2-1-4-2　正面爆吐（说："不——"）　　图2-1-4-3　爆吐（说："——怕！"）

二、半陆半水练习

Step1： 吸气练习

图2-1-5　用嘴吸气

Step2：憋气练习

图2-1-6　耳朵没入水中，憋气5秒

Step3：吐气练习

图2-1-7-1　用嘴鼻吐气
（说："不——"）

图2-1-7-2　用嘴鼻吐气
（说："不——"）

图2-1-7-3　吐出水面后
（说："——怕！"）

三、水中练习

Step1：双手扶池边呼吸练习

图2-1-8-1　吸气

图2-1-8-2　埋头憋气

图2-1-8-3　埋头吐气（说："不——"）

图2-1-8-4　爆吐（说："不——"）

图2-1-8-5　爆吐（说："不——"）

图2-1-8-6　吐出水面后（说："——怕！"）

Step2：双脚挂浮棒，手持浮板呼吸练习

图2-1-9-1　吸气

图2-1-9-2　埋头憋气

图2-1-9-3　埋头吐气（说："不——"）

图2-1-9-4　爆吐（说："不——"）

图2-1-9-5　吐出水面后（说："——怕！"）

Step3：钻水线练习

图2-1-10-1　吸气

图2-1-10-2　下沉吐气（说："不——"）

图2-1-10-3　钻水线吐气（说："不——"）

图2-1-10-4　钻水线吐气（说："不——"）

图2-1-10-5　吐出水面站立后（说："——怕！"）

Step4：两人一组手拉手呼吸练习

图2-1-11-1　吸气

图2-1-11-2　水下吐气（说："不——"）

Step5：游戏"水下猜拳"

图2-1-12-1　水下猜拳

图2-1-12-2　水下猜拳

Step6：游戏"水中'打地鼠'"

图2-1-13　水中"打地鼠"

第二章
团身抱膝站立技术教法实操

目的
(1) 掌握基本的水中自救技能。
(2) 掌握水中保持平衡技能、体验浮力。

重点
闭气低头团身。

难点
三个动作同时完成站立（抬头+双手下压+双脚勾脚蹬池底站立）。

团身抱膝站立"自救"流程：

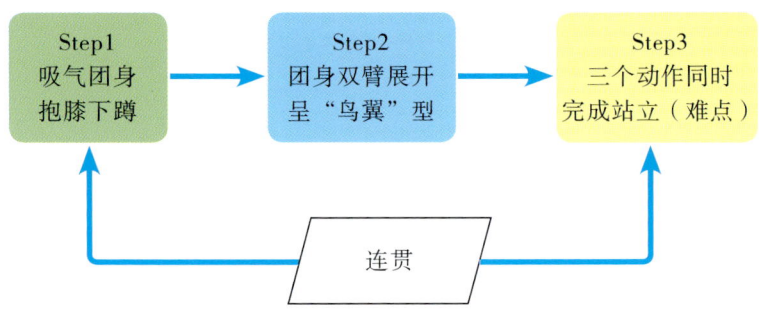

一、陆上练习

Step1：吸气团身抱膝下蹲（体会身体漂浮）

图2-2-1　下颌紧贴胸部，双臂抱紧双腿

Step2：团身双臂展开呈"鸟翼"型（体会身体平衡）

图2-2-2-1　团身双臂向两侧展开呈"鸟翼"型

图2-2-2-2　上臂与前臂成90°夹角

Step3：三个动作同时完成站立（学会水中自救）

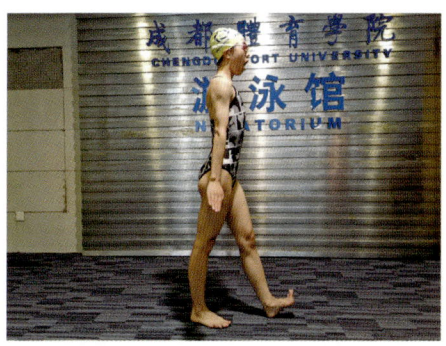

图2-2-3　抬头+双手下压+双脚勾脚蹬池底完成站立

二、水中练习

Step1:吸气团身漂浮(体会水中漂浮、平衡)

图2-2-4 团身抱膝

Step2:团身双臂展开呈"鸟翼"型(体会水中平衡)

图2-2-5 双膝紧贴胸部,双臂呈"鸟翼"型

Step3：三个动作同时完成站立（学会水中自救）

图2-2-6-1 （说："不——"）

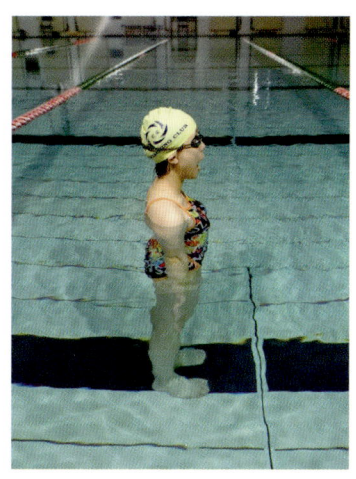

图2-2-6-2 （说："——怕！"）

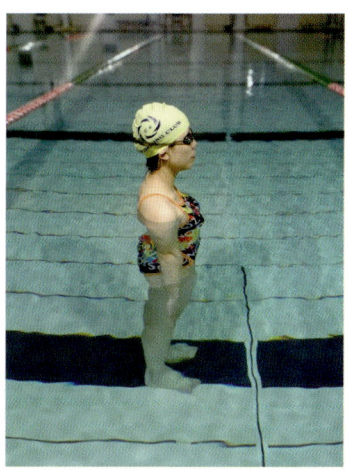

图2-2-6-3 稳稳地站立

第三章
流线型蹬壁滑行技术教法实操

目的
(1) 掌握游泳的基本身体姿势——"流线型"姿势。
(2) 帮助初学者体会在水中保持"流线型"滑行时的身体控制力（用核心力量）。

重点
保持流线型姿势。

难点
臀部紧贴池壁与水面平行（身体重心后移）。

"流线型"蹬壁滑行流程：

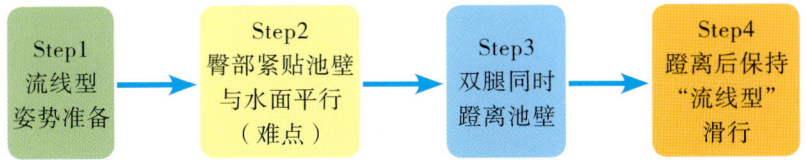

一、陆上练习

Step1：正面流线型练习

图2-3-1 并脚+双臂夹耳后+平视前方

Step2：侧面流线型练习

图2-3-2 指尖+肩+髋+踝成一条直线

Step3：背面流线型练习

图2-3-3　收腹+伸肩+提髋+头上顶

二、水中练习

Step1：双人拉手辅助流线型滑行练习

图2-3-4-1　拉手扶髋辅助

图2-3-4-2 拉手辅助

图2-3-4-3 双手推脚辅助

Step2：双人流线型"推火箭"练习

图2-3-5-1 双手推脚辅助

图2-3-5-2 双手用力推出

Step3：单人流线型练习

图2-3-6-1 身体重心后移

图2-3-6-2 保持流线型姿势滑行

Step4：流线型大循环练习

图2-3-7-1 流线型大循环

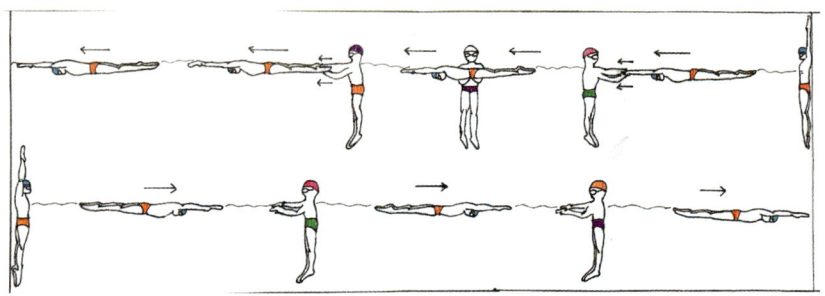

图2-3-7-2 流线型大循环（绘图：曾艳）

第四章
蛙泳腿技术教法实操

目的
(1) 保持游进过程中身体的平衡,避免下肢下沉。
(2) 通过正确的腿部动作产生推进力。
(3) 为学习蛙泳打下重要的基础。

重点
蹬夹。

难点
翻掌。

一、陆上练习

Step1：收腿练习

图2-4-1 双膝与肩同宽脚踝放松

Step2：翻掌练习

图2-4-2 脚和小腿翻掌呈"W"型

Step3：蹬夹练习

 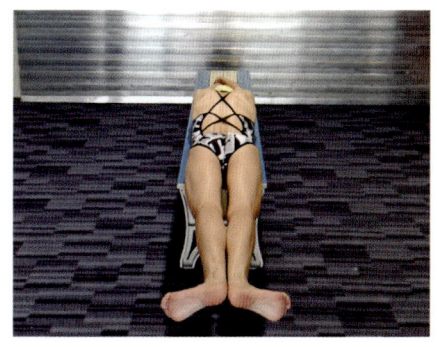

图2-4-3-1 保持翻掌， 图2-4-3-2 保持翻掌，向后内方夹水
　　　　　向后外方蹬水

Step4：滑行练习

图2-4-4 身体呈流线型姿势滑行

二、半陆半水练习

Step1：收腿练习

图2-4-5 双膝与肩同宽脚踝放松

Step2：翻掌练习

图2-4-6 脚和小腿翻掌呈"W"型

Step3：蹬夹练习

图2-4-7-1　保持翻掌，向后外方蹬水

图2-4-7-2　保持翻掌，向后内方夹水

Step4：滑行练习

图2-4-8　身体呈流线型姿势滑行

三、水中练习

Step1：扶池边埋头蹬腿练习

图2-4-9-1　埋头收腿翻掌　　　　图2-4-9-2　埋头蹬腿滑行

Step2：两人一组翻掌"推小车"练习

图2-4-10-1　埋头吐气+翻掌　　　图2-4-10-2　抬头吸气+翻掌
　　　　　　"推小车"　　　　　　　　　　　"推小车"

Step3：手持浮板埋头蹬腿练习

图2-4-11-1 埋头收腿翻掌

图2-4-11-2 埋头蹬腿滑行

Step4：手持浮棒埋头蹬腿练习

图2-4-12-1 埋头收腿翻掌

图2-4-12-2 埋头蹬腿滑行

Step5：浮棒置于腋下埋头蹬腿练习

图2-4-13-1　埋头收腿翻掌

图2-4-13-2　埋头蹬腿滑行

Step6：徒手流线型埋头蹬腿练习

图2-4-14-1　埋头收腿翻掌

图2-4-14-2　埋头蹬腿滑行

第五章
蛙泳腿+呼吸技术教法实操

目的

掌握蛙泳腿与呼吸的配合时机,为学习蛙泳完整配合夯实基础。

重点

(1)换气时机。

(2)蹬腿时机(先埋头、再蹬腿)。

难点

吸气时伸肩。

一、陆上练习

Step1：手持浮板埋头蹬蛙泳腿练习

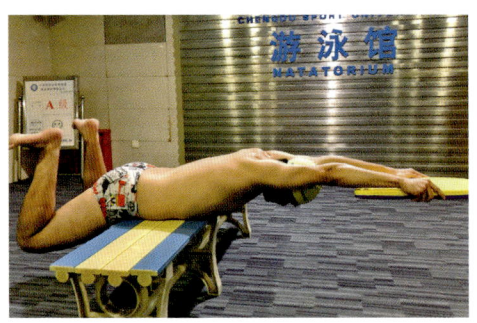

图2-5-1　埋头+收腿翻掌

Step2：埋头滑行5秒钟练习

图2-5-2　蹬腿后滑行

Step3：伸双臂抬头换气练习

图2-5-3　伸肩+抬头吸气

二、半陆半水练习

Step1：手持浮板埋头蹬蛙泳腿练习

图2-5-4　埋头+收腿翻掌

Step2：埋头滑行5秒钟练习

图2-5-5　蹬腿后滑行

Step3：伸双臂抬头吸气练习

图2-5-6 伸肩+抬头吸气

三、水中练习

Step1：两人一组"推小车"呼吸练习

图2-5-7-1 准备姿势　　　　　图2-5-7-2 伸肩+抬头吸气

Step2：手持浮板两次蛙泳腿+呼吸练习（2∶1）

图2-5-8-1　第一次蹬腿

图2-5-8-2　第一次滑行

图2-5-8-3　第二次蹬腿

图2-5-8-4　第二次滑行

图2-5-8-5　伸肩+抬头吸气

Step3：手持浮棒两次蛙泳腿+呼吸练习（2：1）

图2-5-9-1　第一次蹬腿

图2-5-9-2　第一次滑行

图2-5-9-3　第二次蹬腿

图2-5-9-4　第二次滑行

图2-5-9-5　伸肩+抬头吸气

Step4：浮棒置于腋下两次蛙泳腿+呼吸练习（2∶1）

图2-5-10-1　第一次蹬腿

图2-5-10-2　第一次滑行

图2-5-10-3　第二次蹬腿

图2-5-10-4　第二次滑行

图2-5-10-5　伸肩+抬头吸气

Step5：徒手蛙泳腿+呼吸练习（1∶1）

图2-5-11-1 蹬腿

图2-5-11-2 滑行

图2-5-11-3 伸肩+抬头吸气

第六章
蛙泳手+呼吸（早呼吸）技术教法实操

目的

学习蛙泳手臂动作并解决抬头换气难点。

重点

手臂与呼吸配合（早呼吸）。

难点

内划。

一、陆上练习

Step1：抬头外划吸气练习

图2-6-1　抬头吸气+外划

Step2：内划闭气练习

图2-6-2　闭气+内划

Step3：前伸埋头练习

图2-6-3 埋头+前伸

Step4：滑行吐气练习

图2-6-4 吐气+滑行

二、半陆半水练习

Step1：抬头外划吸气练习

图2-6-5　抬头吸气+外划

Step2：内划闭气练习

图2-6-6　闭气+内划

Step3：前伸埋头练习

图2-6-7　埋头+前伸

Step4：滑行吐气练习

图2-6-8　吐气+滑行

三、水中练习

Step1：水中站立蛙泳手臂练习

图2-6-9-1　吸气+外划

图2-6-9-2　闭气+内划

图2-6-9-3　埋头吐气+前伸+滑行

Step2：水中行走蛙泳手臂练习

图2-6-10-1　吸气+外划

图2-6-10-2　闭气+内划

图2-6-10-3　埋头吐气+前伸+滑行

Step3：两人一组俯卧蛙泳手臂练习

图2-6-11-1　准备姿势

图2-6-11-2　吸气+外划

图2-6-11-3　闭气+内划

图2-6-11-4　埋头吐气+前伸+滑行

第七章
蛙泳完整配合（早呼吸）技术教法实操

目的
掌握蛙泳完整技术，轻松长距离的蛙泳游进。

重点
臂与腿配合（先臂后腿）。

难点
早呼吸。

一、陆上练习

Step1：抬头划手腿不动练习（强调早呼吸）

图2-7-1　抬头吸气+外划

Step2：收手又收腿练习

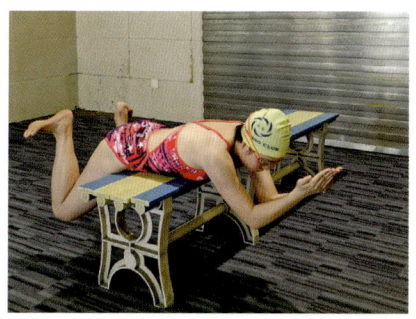

图2-7-2　闭气+内划+收腿

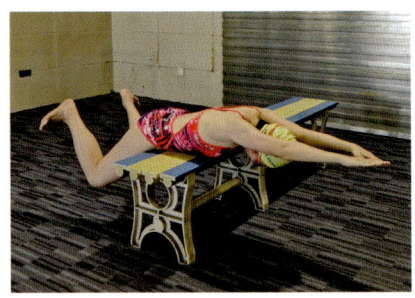

图2-7-3　先埋头前伸再蹬夹腿

Step3：伸手埋头再蹬腿练习

Step4：手腿不动漂一会儿练习

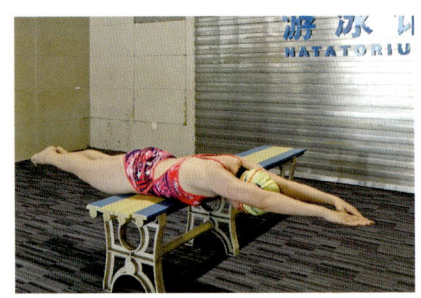

图2-7-4　流线型滑行+吐气

二、半陆半水练习

Step1：抬头划手腿不动练习（强调早呼吸）

图2-7-5　抬头吸气+外划

图2-7-6 闭气+内划+收腿

Step2：收手又收腿练习

图2-7-7 先埋头前伸再蹬夹腿

Step3：伸手埋头再蹬腿练习

图2-7-8 流线型滑行+吐气

Step4：手腿不动漂一会儿练习

三、水中练习

Step1：浮棒置于腋下腿+臂+呼吸练习（2∶1∶1）

图2-7-9-1　第一次蹬腿

图2-7-9-2　第一次滑行

图2-7-9-3　第二次蹬腿

图2-7-9-4　第二次滑行

图2-7-9-5　抬头吸气+外划

Step2：徒手腿+臂+呼吸练习（2∶1∶1）

图2-7-10-1　第一次蹬腿

图2-7-10-2　第一次滑行

图2-7-10-3　第二次蹬腿

图2-7-10-4　第二次滑行

图2-7-10-5　抬头吸气+外划

Step3：徒手腿+臂+呼吸练习（1∶1∶1）

图2-7-11-1　抬头吸气+外划

图2-7-11-2　闭气+内划+收腿

图2-7-11-3　先埋头前伸再蹬夹腿

图2-7-11-4　吐气+滑行

第三篇

中级游泳技术教法实操

第一章
蛙泳手+呼吸（晚呼吸）技术教法实操

目的
提高竞技水平。
重点
采用核心力量。
难点
晚呼吸。

一、陆上练习

Step1：埋头外划练习

图3-1-1 埋头+外划

Step2：闭气内划练习

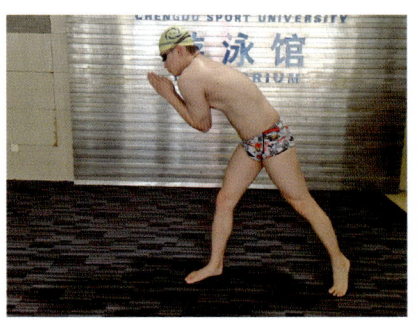

图3-1-2 闭气+内划

Step3：双手前伸，顺势吐、吸练习

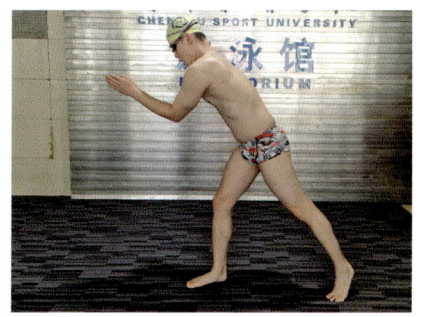

图3-1-3　吐、吸+手臂前伸

Step4：埋头滑行练习

图3-1-4　埋头+滑行

二、半陆半水练习

Step1：埋头外划练习

图3-1-5　埋头+外划

Step2：闭气内划练习

图3-1-6　闭气+内划

Step3：双手前伸，顺势吐、吸练习

图3-1-7　吐、吸+手臂前伸

Step4：埋头滑行练习

图3-1-8　埋头+流线型滑行

三、水中练习

Step1：打腿辅助练习

图3-1-9-1 自由泳腿+蛙泳手+晚呼吸　　图3-1-9-2　蝶泳腿+蛙泳手+晚呼吸

Step2：夹浮板牵引绳辅助练习

图3-1-10　俯卧牵拉

Step3：夹浮板徒手练习

图3-1-11　蛙泳手+晚呼吸

第二章
蛙泳完整配合(晚呼吸)技术教法实操

目的
提高竞技水平。
重点
采用核心力量。
难点
晚呼吸。

一、陆上练习

Step1：埋头外划腿不动练习

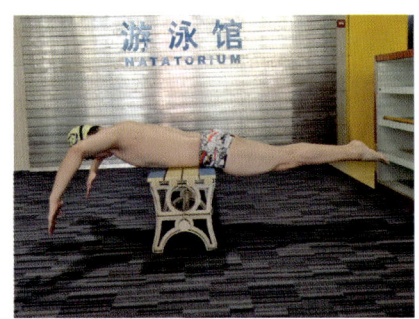

图3-2-1　埋头+外划

Step2：闭气内划收腿练习

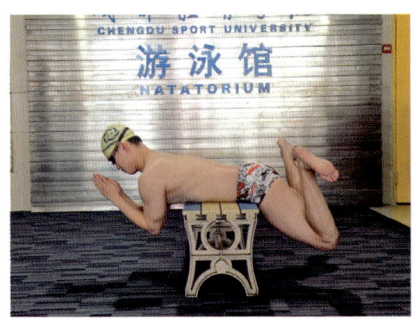

图3-2-2　闭气+内划+收腿

Step3：先伸手后蹬腿练习

图3-2-3　先吐、吸+伸手后蹬腿

Step4：埋头滑行练习

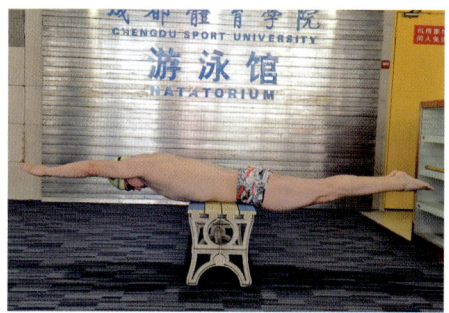

图3-2-4　埋头+滑行

二、半陆半水练习

Step1：埋头外划腿不动练习

图3-2-5　埋头+外划

Step2：闭气内划收腿练习

图3-2-6　闭气+内划+收腿

第三篇　中级游泳技术教法实操

Step3：先伸手后蹬腿练习

图3-2-7　先伸手后蹬腿

Step4：埋头滑行练习

图3-2-8　埋头+滑行

三、水中练习

Step1：两次腿一次手晚呼吸徒手练习（2∶1∶1）

图3-2-9 两次腿+一次手+晚呼吸

Step2：完整配合徒手练习（1∶1∶1）

图3-2-10 完整配合

Step3：牵引绳辅助练习（2∶1∶1／1∶1∶1）

图3-2-11 俯卧牵拉

第三章
仰泳腿技术教法实操

目的
保持较高的身体位置,夯实仰泳基础。
重点
大腿发力。
难点
鞭状踢水。

一、陆上练习

Step1：坐撑练习

 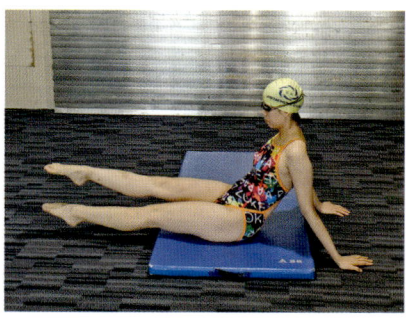

图3-3-1-1　两腿做鞭状踢水（正面）　　图3-3-1-2　两腿做鞭状踢水（侧面）

Step2：流线型仰泳腿练习

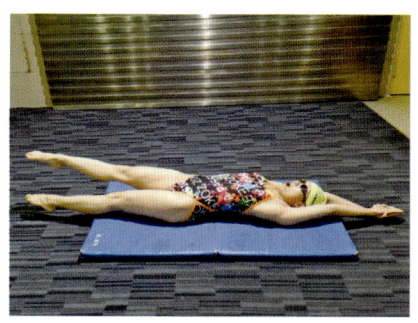

图3-3-2　流线型鞭状踢水

二、半陆半水练习

Step1：双手置于体侧仰泳腿练习

图3-3-3 鞭状踢水+呼吸

Step2：流线型仰泳腿练习

图3-3-4 流线型鞭状踢水+呼吸

三、水中练习

Step1：手持浮板练习

图3-3-5-1　鞭状踢水+呼吸

图3-3-5-2　鞭状踢水（水下）

Step2：手持小浮板练习

图3-3-6　鞭状踢水+呼吸

Step3：手持浮棒练习

图3-3-7 鞭状踢水+呼吸

Step4：双手置于体侧仰泳腿练习

图3-3-8 鞭状踢水+呼吸

Step5：流线型仰泳腿练习

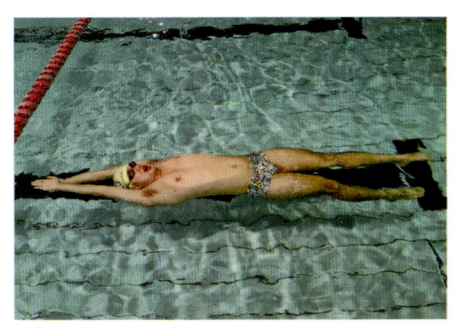

图3-3-9 流线型鞭状踢水+呼吸

第四章
仰泳手+呼吸技术教法实操

目的

掌握手臂与呼吸配合的节奏。

重点

手臂与呼吸的频率(2∶1)。

难点

手臂与呼吸的节奏。

一、陆上练习

Step1：双脚前后开立，单臂屈臂高肘划水练习

图3-4-1-1　屈臂高肘划水+呼吸（闭气）

图3-4-1-2　屈臂高肘划水+呼吸（推水结束时吐气）

Step2：身体呈仰卧姿势，单臂屈臂高肘划水练习

图3-4-2-1　空中移臂+呼吸（吸气）

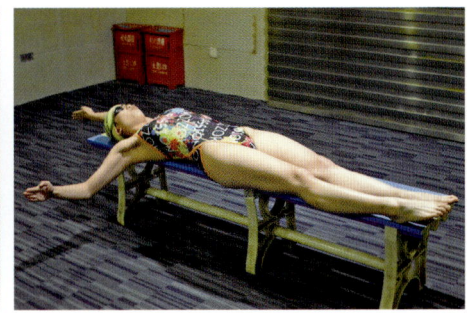

图3-4-2-2　屈臂高肘划水+呼吸（闭气）

119

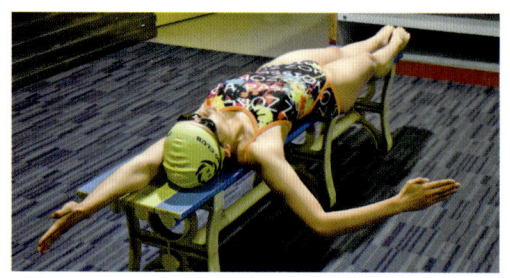

图3-4-2-3　屈臂高肘划水+呼吸（推水结束时吐气）

二、半陆半水练习

Step1：空中移臂+呼吸练习

图3-4-3　单臂移臂+呼吸（吸气）

Step2：屈臂高肘划水+呼吸练习

图3-4-4-1　屈臂高肘划水+呼　　　图3-4-4-2　屈臂高肘划水+呼
　　　　　吸（闭气）　　　　　　　　　　　　　吸（推水结束时吐气）

三、水中练习

Step1：单手持浮板置于腹部，单臂+呼吸练习

图3-4-5　空中移臂+呼吸（吸气）

Step2：身体呈流线型，单臂+呼吸练习

图3-4-6　空中移臂+呼吸（吸气）

Step3：双臂交替+呼吸练习

图3-4-7-1　空中移臂+呼吸（吸气）

图3-4-7-2　屈臂高肘划水+呼吸（闭气）

图3-4-7-3　推水结束时吐气

第五章
仰泳完整配合技术教法实操

目的
动作协调配合,保持高、平、稳的身体姿势。
重点
屈臂高肘划水。
难点
肩与身体的转动。

一、陆上练习

Step1：站立仰泳完整配合练习

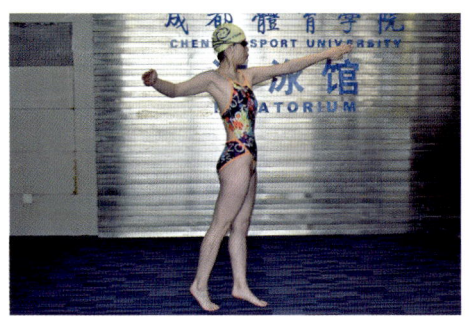

图3-5-1　屈臂高肘划水,肩和身体协调转动

Step2：仰卧仰泳完整配合练习

图3-5-2　屈臂高肘划水+空中移臂+吸气

二、水中练习

Step1：呈流线型姿势，单臂+腿+呼吸配合练习

图3-5-3-1 空中移臂+鞭状踢水+呼吸（左右臂分别练习）

图3-5-3-2 肩与身体协调转动（每划三次手交换一次）

Step2：双臂+腿+呼吸配合练习

图3-5-4　保持高平稳身体姿势，双臂动作连贯

第六章
自由泳腿技术教法实操

目的
解决自由泳侧呼吸的难点。
重点
（1）大腿发力，带动小腿和踝关节上下打腿。
（2）保持身体流线型。
难点
鞭状打腿。

一、陆上练习

Step1：身体流线型练习

图3-6-1 身体呈流线型姿势

Step2：身体流线型打腿练习

图3-6-2 绷脚上下打腿

二、半陆半水练习

Step1：俯卧池边流线型练习

图3-6-3　身体呈流线型姿势

Step2：俯卧池边打腿练习

图3-6-4　绷脚上下打腿

三、水中练习

Step1：双手扶池边埋头打腿练习

图3-6-5　埋头+打腿

Step2：双手持浮板埋头打腿练习

图3-6-6　埋头+打腿

Step3：单手持浮板埋头打腿练习

图3-6-7　埋头+单手打腿

Step4：徒手双手前伸，埋头打腿练习

图3-6-8　流线型打腿

Step5：徒手单臂前伸，埋头打腿练习

图3-6-9　单臂前伸+打腿

第七章
自由泳手臂(直臂)+
呼吸技术教法实操

目的

解决自由泳手臂最远端的入水点和推水点问题。

重点

双臂协调转动。

难点

侧呼吸时,保持一只眼睛在水下。

一、陆上练习

Step1：站立单臂直臂划水+侧头吸气练习

图3-7-1　直臂划水+侧头吸气

Step2：站立单臂直臂移臂+埋头练习

图3-7-2　直臂移臂+埋头

Step3：两臂直臂划水练习

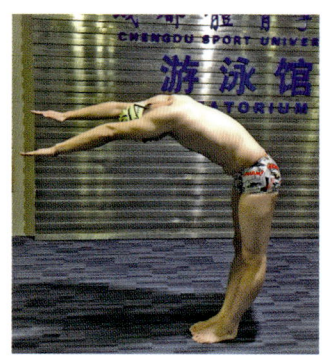

图3-7-3-1　前交叉直臂划水

图3-7-3-2　中交叉直臂划水

图3-7-3-3　后交叉直臂划水

二、半陆半水练习

Step1：俯卧池边单臂直臂划水+侧头吸气练习

图3-7-4　直臂划水+侧头吸气

Step2：俯卧池边单臂直臂移臂+埋头练习

图3-7-5　直臂移臂+埋头

三、水中练习

Step1:水中行进间手持浮板单臂直臂+侧呼吸练习

图3-7-6-1 单臂直臂抱水

图3-7-6-2 直臂推水+侧呼吸

图3-7-6-3 直臂空中移臂+埋头

图3-7-6-4 直臂前伸入水

Step2：水中行进间徒手直臂+侧呼吸练习

图3-7-7-1 直臂抱水

图3-7-7-2 直臂推水+侧呼吸

图3-7-7-3 直臂空中移臂+埋头

图3-7-7-4 直臂前伸入水

第八章
自由泳完整配合（直臂）技术教法实操

目的

解决手臂+腿+呼吸的协调配合。

重点

吸气时，连贯打腿保持高位。

难点

侧呼吸时，保持一只眼睛在水下。

一、陆上练习

Step1：入水+推水+打腿的腿臂配合练习

图3-8-1　入水+推水+打腿

Step2：出水+抱水+打腿的腿臂配合练习

图3-8-2　出水+抱水+打腿

二、水中练习

Step1：手持浮板直臂配合练习

图3-8-3-1　入水+打腿

图3-8-3-2　抱水+打腿

图3-8-3-3　推水+打腿+侧呼吸

图3-8-3-4　空中移臂+打腿

Step2：直臂完整配合练习（手臂车轮转动）

图3-8-4-1　入水+推水+打腿+侧呼吸

图3-8-4-2　出水+抱水+打腿+埋头

第九章
自由泳手(屈臂高肘)+ 呼吸技术教法实操

目的

解决自由泳手臂"前伸与推水到位"的难点。

重点

(1)上臂带动前臂。

(2)手指沿水面前移。

难点

(1)保持侧呼吸时,一只眼睛在水下。

(2)屈臂高肘早发力技术。

一、陆上练习

Step1：单臂屈臂高肘划水练习

图3-9-1-1　屈臂高肘抓水

图3-9-1-2　屈臂高肘抱水

图3-9-1-3　推水+侧呼吸

图3-9-1-4　屈臂高肘空中
移臂+埋头

图3-9-1-5　入水
（手臂尽力前伸）

Step2：两臂屈臂高肘划水练习

图3-9-2-1 前交叉屈臂高肘划水　　图3-9-2-2 中交叉屈臂高肘划水　　图3-9-2-3 后交叉屈臂高肘划水

二、半陆半水练习

Step1：池边俯卧单臂屈臂高肘抱水练习

图3-9-3 屈臂高肘抱水

Step2：池边俯卧单臂屈臂高肘推水+侧呼吸练习

图3-9-4　推水+侧呼吸

三、水中练习

Step1：行进间手持浮板单臂屈臂高肘+侧呼吸练习

图3-9-5-1　屈臂高肘抱水　　　　图3-9-5-2　推水+侧呼吸

图3-9-5-3 屈臂高肘空中移臂+埋头　　图3-9-5-4 前伸入水

Step2： 行进间徒手两臂屈臂高肘+侧呼吸练习

图3-9-6-1 屈臂高肘抱水　　图3-9-6-2 推水+侧呼吸

Step3： 夹板徒手屈臂高肘+侧呼吸练习

图3-9-7-1 屈臂高肘抱水　　图3-9-7-2 推水+侧呼吸

第十章
自由泳完整配合(屈臂高肘)技术教法实操

目的
掌握先进的自由泳技术。

重点
配合动作的节奏。

难点
保持完美的侧呼吸及身体高、平、稳、尖、长的技术。

一、陆上练习

Step1：屈臂高肘入水+打腿的腿臂配合练习

图3-10-1　入水+打腿

Step2：屈臂高肘抱水+打腿的腿臂配合练习

图3-10-2　屈臂高肘抱水+打腿

Step3：屈臂高肘推水+打腿的腿臂配合练习

图3-10-3　推水+打腿+侧呼吸

Step4：屈臂高肘空中移臂+打腿的腿臂配合练习

图3-10-4　屈臂高肘空中移臂+打腿+埋头

二、水中练习

Step1：手持浮板单臂划水+打腿+侧呼吸练习

图3-10-5-1　入水+打腿

图3-10-5-2　屈臂高肘抱水+打腿

图3-10-5-3　推水+打腿+侧呼吸

图3-10-5-4　空中移臂+打腿+埋头

Step2：徒手自由泳练习

图3-10-6-1　抓水+打腿

图3-10-6-2　屈臂高肘抱水+打腿

图3-10-6-3　推水+打腿+侧呼吸

图3-10-6-4　屈臂高肘空中移臂+埋头

图3-10-6-5　前伸远端入水

第十一章
蝶泳腿技术教法实操

目的

掌握蝶泳腿技术,为蝶泳配合夯实基础。

重点

(1)头部向前"顶"。

(2)打腿的节奏。

难点

腰部发力,鞭状上下打腿。

一、陆上练习

Step1：陆上站立练习

图3-11-1-1 挺髋

图3-11-1-2 屈髋、屈膝

图3-11-1-3 提臀、伸膝

Step2：垫上屈膝打腿练习

图3-11-2-1　小腿下压

图3-11-2-2　小腿上提

Step3：垫上腰部练习

图3-11-3-1　腰部下压
（成"凹"型）

图3-11-3-2　腰部上抬
（成拱型）

Step4：垫上半撑蝶泳腿练习

图3-11-4-1　准备姿势

图3-11-4-2　腰部向上发力

图3-11-4-3　鞭状打腿

图3-11-4-4　回到准备姿势

二、水中练习

Step1：手扶池边埋头蝶泳腿练习

图3-11-5　双腿同时鞭状打腿

Step2：牵引辅助埋头蝶泳腿练习

图3-11-6　俯卧牵拉

Step3：手持浮板埋头蝶泳腿练习

图3-11-7　鞭状打腿（注意节奏）

Step4：徒手流线型蝶泳腿练习

图3-11-8　头部向前"顶"

第十二章
蝶泳手+呼吸技术教法实操

目的
掌握蝶泳手臂与呼吸的配合技术。
重点
屈臂、高肘划水。
难点
手臂与呼吸配合时机。

一、陆上练习

Step1：屈臂高肘抱水练习

图3-12-1　屈臂+高肘

Step2：推水抬头换气练习

图3-12-2　推水+抬头换气

Step3：埋头入水练习

图3-12-3　埋头+入水

二、水中练习

Step1：站立划水+呼吸练习（双动节奏练习2∶1）

图3-12-4-1　第一次屈臂高肘抱水　　　图3-12-4-2　第一次推水

图3-12-4-3 第一次入水

图3-12-4-4 第二次屈臂高肘抱水

图3-12-4-5 第二次推水+
抬头换气

图3-12-4-6 第二次入水+埋头

Step2：行进间划水+呼吸练习（双动节奏练习2∶1）

图3-12-5-1 第一次屈臂高肘抱水

图3-12-5-2 第一次推水

图3-12-5-3 第一次入水

图3-12-5-4 第二次屈臂高肘抱水

图3-12-5-5 第二次推水+抬头换气

图3-12-5-6 第二次入水+埋头

第十三章
蝶泳完整配合技术教法实操

目的

掌握先进的蝶泳技术。

重点

手臂+腿+呼吸配合时机。

难点

（1）手臂+腿+呼吸配合节奏。

（2）腰部发力的波浪动作。

一、陆上练习

Step1：手臂+腿练习

图3-13-1-1 入水+第一次蝶泳腿

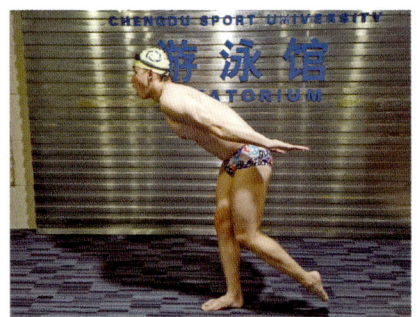

图3-13-1-2 推水+第二次蝶泳腿

Step2：左臂两次右臂两次双手同时一次练习（2∶2∶1）

图3-13-2-1 第一次推水+
打腿+埋头

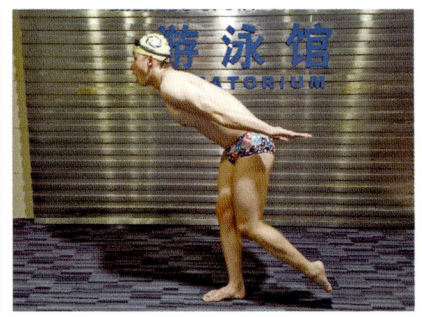

图3-13-2-2 第二次推水+
打腿+抬头换气

二、水中练习

Step1：手持浮板蝶泳完整配合分解练习（侧呼吸）

图3-13-3　单臂两次+腿四次+侧呼吸一次（2∶4∶1）

Step2：手持浮板蝶泳完整配合分解练习（抬头呼吸）

图3-13-4　单臂两次+腿四次+抬头换气一次（2∶4∶1）

Step3：蝶泳完整配合分解练习（抬头呼吸）

图3-13-5　单臂两次+腿四次+抬头换气一次（2∶4∶1）

Step4：水中完整配合练习

图3-13-6-1　流线型打蝶泳腿

图3-13-6-2　第一次推水+打腿+埋头

图3-13-6-3　第二次推水+打腿+抬头换气

图3-13-6-4　抬头换气

第四篇

四式出发与转身基本技术&第五种泳姿技术教法实操

第一章
蛙泳蹲踞式出发技术教法实操

目的
掌握蛙泳的出发技术。
重点
前脚发力，蹬离出发台。
难点
身体呈流线型姿势，依次入水。

一、池边练习

Step1：流线型蹲踞式纵跳练习

图4-1-1-1 准备姿势

图4-1-1-2 跳跃后身体保持流线型

Step2：蹲踞式摆臂纵跳练习

图4-1-2-1 准备姿势

图4-1-2-2 双臂上摆，双脚蹬离地面

图4-1-2-3 跳跃后身体保持流线型

Step3：单腿跪于池边蹬边出发练习

图4-1-3-1　双臂呈流线型+单脚跪立

图4-1-3-2　双脚前后蹬离池边

图4-1-3-3　身体呈流线型姿势入水

Step4：垫上辅助练习

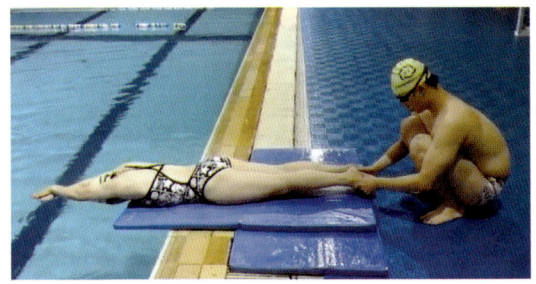

图4-1-4-1　流线型姿势准备

图4-1-4-2　保持流线型入水

二、完整出发练习

图4-1-5-1　双手抓台+
前脚趾紧扣跳台

图4-1-5-2　双臂前摆+
双脚蹬离跳台

图4-1-5-3　流线型入水

图4-1-5-4　水中大划臂

三、蛙泳水下大划臂技术练习

目的
提高蛙泳竞技水平。

重点
（1）腰腹发力。
（2）减阻。

难点
臂腿配合节奏。

Step1：水下蝶泳腿练习

图4-1-6　腰部发力，鞭状打腿

Step2：水下大划臂练习

图4-1-7-1　入水后一次蝶泳腿

图4-1-7-2　双臂内划，掌心向后推水

图4-1-7-3　双臂推至大腿两侧

图4-1-7-4　双臂贴近身体前伸+一次蛙泳腿

图4-1-7-5　保持流线型滑行

第二章
仰泳出发技术教法实操

目的
(1) 掌握仰泳出发技术。
(2) 提高仰泳成绩，获得心理优势。

重点
手与腿的配合时机。

难点
腾空入水。

一、陆上练习

Step1：团身下蹲练习

图4-2-1　准备姿势

Step2：向上跳跃练习

图4-2-2　摆臂向上跳跃

Step3：腾空练习

图4-2-3　流线型腾空

二、水中练习

Step1：仰卧流线型蹬壁练习

图4-2-4-1　仰卧姿势准备出发

图4-2-4-2　仰卧流线型蹬壁出发

图4-2-4-3　反海豚腿+起游

Step2：拉手辅助仰泳出发练习

图4-2-5-1　一人岸上辅助，练习者拉辅助者的手，团身预备

图4-2-5-2　摆臂+后仰背弓腾空跃出

图4-2-5-3　入水

图4-2-5-4　反海豚腿+起游

Step3：腾空入水练习

图4-2-6-1　双手拉辅助杆团身预备

图4-2-6-2　摆臂后仰蹬壁腾空时踢球

图4-2-6-3　入水

Step4：双手扶池边蹬壁入水练习

图4-2-7-1　双手扶池边，团身预备

图4-2-7-2　摆臂后仰跃出

图4-2-7-3　入水

图4-2-7-4　反海豚腿+起游

Step5：完整练习

图4-2-8-1　手握出发台团身预备

图4-2-8-2　摆臂后仰背弓跃出

图4-2-8-3　入水

图4-2-8-4　反海豚腿+起游

第三章
自由泳蹲踞式出发
技术教法实操

目的
掌握自由泳出发技术。
重点
前脚发力蹬离出发台。
难点
身体呈流线型姿势,依次入水。

一、池边练习

Step1：流线型蹲踞式纵跳练习

图4-3-1-1　准备姿势　　　　图4-3-1-2　跳跃后身体保持流线型

Step2：蹲踞式摆臂纵跳练习

图4-3-2-1　准备姿势　　图4-3-2-2　双臂上摆，双脚蹬离地面　　图4-3-2-3　跳跃后身体保持流线型

Step3：单腿跪于池边蹬边出发练习

图4-3-3-1 双臂呈流线型+单脚跪立

图4-3-3-2 双脚前后蹬离池边

图4-3-3-3 身体呈流线型姿势入水

Step4：垫上辅助练习

图4-3-4-1 流线型姿势准备

图4-3-4-2 保持流线型入水

二、完整出发练习

图4-3-5-1 双手抓台+
前脚趾紧扣跳台

图4-3-5-2 双臂前摆+
双脚蹬离跳台

图4-3-5-3 流线型入水

图4-3-5-4 水下蝶泳腿+
起游

第四章
蝶泳蹲踞式出发技术教法实操

目的
掌握蝶泳出发技术,提升蝶泳比赛成绩。
重点
水下蝶泳腿。
难点
出水时与第一个动作的衔接。

一、池边练习

Step1：流线型蹲踞式纵跳练习

图4-4-1-1　准备姿势　　　图4-4-1-2　跳跃后身体保持流线型

Step2：蹲踞式摆臂纵跳练习

图4-4-2-1　准备姿势　　图4-4-2-2　双臂上摆，双脚蹬离地面　　图4-4-2-3　跳跃后身体保持流线型

Step3：单腿跪于池边蹬边出发练习

图4-4-3-1　双臂呈流线型+单脚跪立

图4-4-3-2　双脚前后蹬离池边

图4-4-3-3　身体呈流线型姿势入水

Step4：垫上辅助练习

图4-4-4-1　流线型姿势准备

图4-4-4-2 保持流线型入水

二、完整出发练习

图4-4-5-1 双手抓台+
前脚趾紧扣跳台

图4-4-5-2 双臂前摆+
双脚蹬离跳台

图4-4-5-3 流线型入水

图4-4-5-4 水下蝶泳腿+
起游

第五章
蛙泳转身技术教法实操

目的
尽力减阻,避免不必要的动作。
重点
身体快速收紧并转体。
难点
先低头再全力蹬壁。

一、陆上练习

Step1：触壁练习

图4-5-1　双手同时触壁

Step2：收腹团身练习

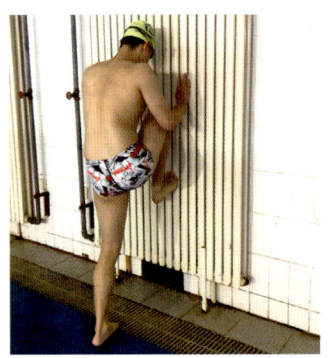

图4-5-2　收腹团身

Step3：低头转身练习

图4-5-3　低头转身

Step4：蹬出练习

图4-5-4　流线型蹬出

二、水中练习

Step1：触壁分解练习

图4-5-5-1 双手同时触壁，目视池底

图4-5-5-2 收腹团身

图4-5-5-3 摆动转身

图4-5-5-4 双脚蹬壁，保持流线型

Step2：蛙泳水下大划臂技术练习

图4-5-6-1　入水后一次蝶泳腿

图4-5-6-2　双臂内划，掌心向后推水

图4-5-6-3　双臂推至大腿两侧

图4-5-6-4　双臂贴近身体前伸+一次蛙泳腿

图4-5-6-5　保持流线型滑行

第六章
自由泳滚翻转身技术教法实操

目的

提高自由泳比赛成绩。

重点

掌握前滚翻转身时离池壁的距离。

难点

前滚翻完成后,双脚蹬离池壁技术。

一、陆上练习

Step1：低头团身练习

图4-6-1　准备姿势

Step2：身体重心前移练习

图4-6-2　身体重心前移滚翻

Step3：完成前滚翻练习

图4-6-3　顺势完成前滚翻

二、水中练习

Step1：手扶水线前滚翻练习

图4-6-4-1　低头团身　　　图4-6-4-2　移动身体重心前滚翻

Step2：前滚翻练习

图4-6-5-1　低头团身，
膝关节紧贴身体

图4-6-5-2　移动身体重心前滚翻

Step3：蹬离池壁前滚翻练习

图4-6-6-1　双脚蹬离池壁

图4-6-6-2　低头团身快速前滚翻

Step4：游进中（自由泳）前滚翻练习

图4-6-7-1　自由泳划手五次游进

图4-6-7-2　划手加速+团身滚翻

图4-6-7-3　前滚翻后继续向前游进

Step5：前滚翻转身完整练习

图4-6-8-1　加速游近池壁

图4-6-8-2　游近池壁团身前滚翻

图4-6-8-3　前滚翻

图4-6-8-4　海豚腿接自由泳腿

图4-6-8-5　自由泳腿+起游

第七章
仰泳滚翻转身技术教法实操

目的
提高仰泳比赛成绩。
重点
掌握前滚翻转身时离池壁的距离。
难点
前滚翻完成后,双脚蹬离池壁技术。

一、陆上练习

Step1：低头团身练习

图4-7-1　准备姿势

Step2：身体重心前移练习

图4-7-2　身体重心前移滚翻

Step3：完成前滚翻练习

图4-7-3 顺势完成前滚翻

二、水中练习

Step1：手扶水线前滚翻练习

图4-7-4-1 低头团身　　　图4-7-4-2 移动身体重心前滚翻

Step2：浮棒置于腋下，前滚翻练习

图4-7-5-1 浮棒置于腋下　　　图4-7-5-2 低头团身快速向前滚翻

Step3：前滚翻练习

图4-7-6-1　低头团身，
膝关节紧贴身体

图4-7-6-2　移动身体重心前滚翻

Step4：前滚翻转身完整练习

图4-7-7-1　仰泳游近池壁

图4-7-7-2　池壁前转俯卧，
低头团身前滚翻

图4-7-7-3　前滚翻

图4-7-7-4　仰卧蹬离池壁（侧面）

图4-7-7-5 仰卧蹬离池壁（正面）

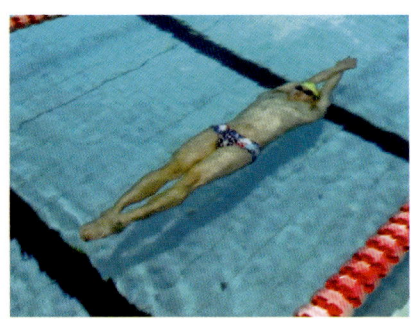

图4-7-7-6 仰卧流线型滑行

图4-7-7-7 反海豚腿接仰泳腿

图4-7-7-8 仰泳腿+起游

第八章
蝶泳转身技术教法实操

目的
提高蝶泳比赛成绩。
重点
蹬出后身体保持流线型姿势。
难点
触壁后转动身体（触壁后推壁+收腿+团身三个动作同时完成）。

一、陆上练习

Step1：触壁练习

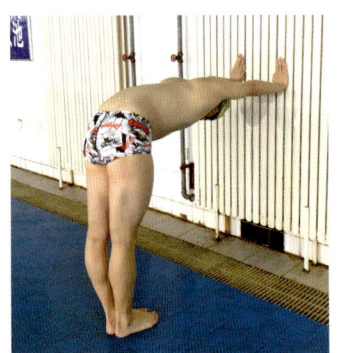

图4-8-1　双手同时触壁

Step2：收腹团身练习

图4-8-2　收腹团身

Step3：低头转身练习

图4-8-3　低头转身

Step4：蹬出练习

图4-8-4　流线型蹬出

二、水中练习

Step1:接近池壁团身练习

图4-8-5-1 双手同时触壁,目视池底

图4-8-5-2 收腹团身

Step2:蹬离池壁练习

图4-8-6-1 收腹团身

图4-8-6-2 摆动转身

Step3：完整练习

图4-8-7-1　双手同时触壁，目视池底

图4-8-7-2　收腹团身

图4-8-7-3　摆动转身

图4-8-7-4　双脚蹬壁，保持流线型

图4-8-7-5　海豚腿+起游

第九章
第五种泳姿（水下海豚腿）技术教法实操

目的

利用规则许可，帮助运动员四种泳姿在水下15米内，减小出发和转身后的波浪阻力，增大推进力。

重点

保持最佳流线型姿势+头"顶"意识。

难点

憋气+头"顶"+鞭状打腿。

一、陆上练习

Step1：仰卧流线型伸拉（三人一组）

图4-9-1　牵拉指尖+脚尖（仰卧）

Step2：俯卧流线型伸拉（三人一组）

图4-9-2　牵拉指尖+脚尖（俯卧）

Step3：右侧卧流线型伸拉（三人一组）

图4-9-3　牵拉指尖+脚尖（右侧卧）

Step4：左侧卧流线型伸拉（三人一组）

图4-9-4　牵拉指尖+脚尖（左侧卧）

Step5：纵向流线型伸拉（两人一组）

图4-9-5　向上牵拉指尖（纵向）

二、水中练习

Step1：手持浮板海豚腿练习

图4-9-6-1　俯卧四次腿+一次呼吸（4：1）

图4-9-6-2　左侧卧单臂四次腿+一次呼吸（4：1）

图4-9-6-3 右侧卧单臂四次腿+一次呼吸（4：1）

Step2：徒手流线型海豚腿练习

图4-9-7-1 俯卧流线型海豚腿

图4-9-7-2 左侧卧海豚腿

图4-9-7-3 右侧卧海豚腿

图4-9-7-4 仰卧流线型海豚腿

Step3：深水纵向海豚腿练习

图4-9-8-1　抱浮板于胸前+海豚腿　　　　图4-9-8-2　双手交叉于胸前+海豚腿

图4-9-8-3　双手抱头+海豚腿

图4-9-8-4　流线型蹬池底+海豚腿（正面）　　　　图4-9-8-5　流线型蹬池底+海豚腿（侧面）

Step4：水中流线型绳索牵拉练习

图4-9-9　流线型牵拉+海豚腿

Step5：水下海豚腿的游进练习

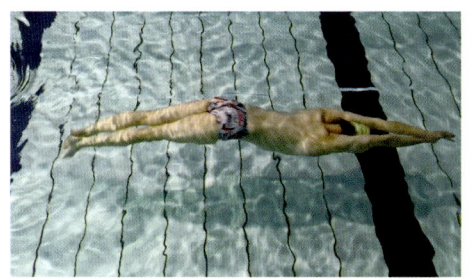

图4-9-10-1　俯卧水下海豚腿

图4-9-10-2　仰卧水下海豚腿

主要参考文献

［1］丛宁丽主编. 游泳Step教法［M］. 北京：人民体育出版社，2014.

［2］全国体育学院教材委员会. 游泳运动［M］. 北京：人民体育出版社，2001.

［3］丛宁丽主编. 水中游戏189例［M］. 北京：人民体育出版社，2010.

［4］国家体育总局职业技能鉴定指导中心. 游泳救生员［M］. 北京：高等教育出版社，2010.

［5］国家体育总局职业技能鉴定指导中心. 游泳（修订版）［M］. 北京：高等教育出版社，2011.

［6］成体游泳公众号（成都体院游泳教研室），https://mp.weixin.qq.com/s/BTIpydzhOq4WKwZyxyKbKw.

鸣 谢

自《水中游戏189例》2010年由人民体育出版社出版以来，2014年我们又精心创编合作出版了《游泳Step教法》一书，逐渐形成游泳系列图书。由于深受广大读者及业内同行关注和支持，至今已连续再版5次发行14000册。此系列图书的热销不仅反映出人们对游泳运动的喜爱，更反映出人们对游泳安全的强烈需求。溺水事故是我国儿童意外死亡主要原因之一，由于不安全、不正确地参与游泳活动造成溺水事件的情况也时有发生，为此，作为从事游泳培训教学科研工作的我们深感身上所肩负的使命之重！我们组织了最优秀的团队全力打造此书及相关教学实操视频。

本书在付梓之际，感恩之情油然而生。感谢四川省体育局职业鉴定站的李莉、罗锋两位领导的鼓励和支持！如果没有省职鉴站安排我们为四川省游泳教员、救生员考官、培训师的培训教学任务的话，则不会促成编写本书的奢想。感谢我的大学同学、同事、好友金鲨游泳协会会长樊维老师！初期拍摄游泳教员培训视频时得到樊老师太多的鼓励、支持和很好的技术指导！感谢成都体育学院各级领导的支持！感谢游泳教研室老师们的支持！他们是：蒋徐万、黄灿、田川、吴小彬、陈宇、蓝怡、宋小睿、祁钰渤、李宁、肖丽娜。感谢参与本书前期创意、编写、拍摄视频、拍照片给予热情支持和辛勤付出的2011级、2013级、2014级、2015

鸣　谢

级、2016级、2017级、2018级研究生：曾艳（绘图）、邢崇智、刘琴、王尚昆、丁舒、李静芸、罗茜、商亮、徐冠鹏、高际雲、胡鹏、范春兰、郜东召、陈余娟、唐梅美、王天乐、鲜春梅、徐恒、李子钰、侯文捷、舒宇、叶雯洁、黄冬、黄国波；以及本科生：任超、王凡、左朴风等同学。感谢后期反反复复补拍水中视频、照片的演员、摄影师、剪辑师以及反反复复校稿的在读研究生们！最后，特别感谢人民体育出版社独具慧眼、认同这项姊妹篇选题的申报，这是第三度全额支持我们出书！

自2010年至2014年，我们相继在人民体育出版社出版了两册关于普及游泳、减少溺水事故的图书，万分幸运的是在2020年本书（含二维码识别）教法实操视频也将出版，这是第三次由导师带领研究生团队进行服务社会的探索和播种之路，此间不免会有许多不足之处，敬请各位同仁和使用者提出宝贵意见指正。

本书主编从事游泳教学科研40余年，始终对国家和成都体育学院的培养教育满怀感恩之情，借此系列图书作为献给所有读者的一份由衷的答谢之礼！

丛宁丽
2019年12月7日

图书在版编目（CIP）数据

游泳Step教法实操篇 / 丛宁丽主编. -- 北京：人民体育出版社，2020（2022.2重印）
（运动健康100分）
ISBN 978-7-5009-5803-1

Ⅰ.①游… Ⅱ.①丛… Ⅲ.①游泳—运动训练 Ⅳ.①G861.102

中国版本图书馆CIP数据核字(2020)第086515号

*

人民体育出版社出版发行
北京中科印刷有限公司印刷
新 华 书 店 经 销

*

850×1168　32开本　7.75印张　155千字
2020年8月第1版　2022年2月第2次印刷
印数：2,001—4,000册

*

ISBN 978-7-5009-5803-1
定价：53.00元

社址：北京市东城区体育馆路8号（天坛公园东门）
电话：67151482（发行部）　　邮编：100061
传真：67151483　　　　　　　邮购：67118491
网址：http://www.sportspublish.cn
（购买本社图书，如遇有缺损页可与邮购部联系）